熨斗袋

選ぶ　書く　伝わる

川邊りえこ

はじめに

日本雅藝倶楽部をはじめて二四年が経ちました。

日本文化への意識は高まりながらも、時代の流れとともにしきたりや慣習や風習は簡素化、または消え去ろうとしており、日本人も外国人のようになっている日々を感じております。

書のお稽古でも、熨斗袋の表書きの手本にある文字がどのような状況で使われるものか、わからないと質問されることが多く、こうした本をあらわす専門家ではない私が、筆をとることとなりました。

形式だけの儀礼では意味がないという意見も多く聞かれるようになりましたが、そもそも、「こころ」がしきたりとなり形式を生み出してきたのです。ヨーロッパでも、伝統がないものには価値を認めないといいわれます。日本が培ってきた伝統の価値を再認識するためにも、人間関係を大切にする心のあらわし方の象徴でもある金封について、あらためて見直してみるのもいいかもしれません。

衣食住へのこだわりがある方々にこそ、衣食足りて礼節を知るという言葉のとおり、歴史や作法を知り、日本の精神文化として培われてきた包む心、おくる心を、日常の暮らしの中で実践し、それぞれの個性やセンスを生かしていただけたらと願います。

ただし、時代や地域によってもしきたりは異なります。本書では関東の標準の熨斗袋の表書きの一端を記していますが、大切なのはＴＰＯです。迷われたときには地域の風習や年長者のご意見にしたがってください。なにより日本文化の精神性をあらわす調和こそが要《かなめ》なのです。

文化は合理性と真逆に位置するものです。手を抜けばきりがありません。もちろん、こだわってもきりがありませんが、自らの美意識で、選んで、書いて、熨斗袋を身近なものにしていただけたらと思います。

川邊　りえこ

己亥　霜月　吉日

目次

深める

選ぶ

身近なお店で入手するケースも多いようですが、専門店に入ってみても、選ぶことには、なかなか気をつかうものです。

ついつい無難で平凡なものを選びがちですが、ルールさえ知っておけば、シーンや贈る相手に応じて、自分好みの「袋」を選ぶという、新しい楽しみも生まれるはずです。

選ぶ

「結び切り」と「蝶結び」の意味

熨斗袋は、格あわせが大切です。相手の格や場や包む金額に応じて選びます。

「結び切り（真結び）」（上）と「蝶結び（もろわな結び）」（下）。

檀紙を使ったものが正式といわれます。上下とも本物の鮑を用いた鮑熨斗で上級品です。

普段使いの熨斗袋。上は簡易版。下の水引は「蝶結び（もろわな結び）」。

お見舞いなどでは、水引は「結び切り（真結び）」を。

水引の結び方は、婚姻、弔事、お見舞、快気祝いなどでは、「これ一度きりで二度とないように」の想いをこめて、結びなおすことができない「結び切り（真結び）」を用います。「蝶結び（もろわな結び）」は、「何度繰り返してもいい」という気持ちをこめたものです。ただし地方によって慣習が異なる場合もあるので、注意が必要。それぞれの結び方には、いくつかのバリエーションがあります。慶事では水引の本数は奇数（三、五、七本）のものを使いますが、婚礼は十本一組の水引を選びます。婚礼の水引は奇数五本の二束であると解釈します。色は紅白か金銀が定番で、向かって右側に濃い色（赤・金）がくるように結びます。

選ぶ

不祝儀

不祝儀袋も相手の格や包む金額に応じて。水引は二本、四本、六本の偶数で「結び切り（真結び）」が基本です。

黄銀、黄白は関西で用いられます。白白はおもに神式です。銀と白黒の使い方は、御霊前には白黒、年忌の法要には銀、同じところに違う金額を包む場合は、銀を金額の多い方に用いるといわれます。

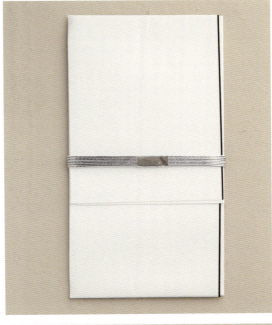

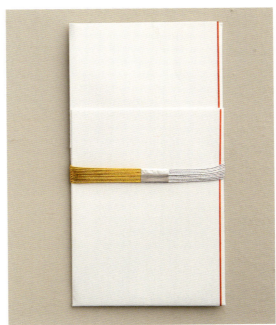

不祝儀袋と祝儀袋の裏面。

不祝儀袋（上）と祝儀袋（下）の裏面の折り方の違い。不祝儀袋では上側が上、祝儀袋では下側が上になる。

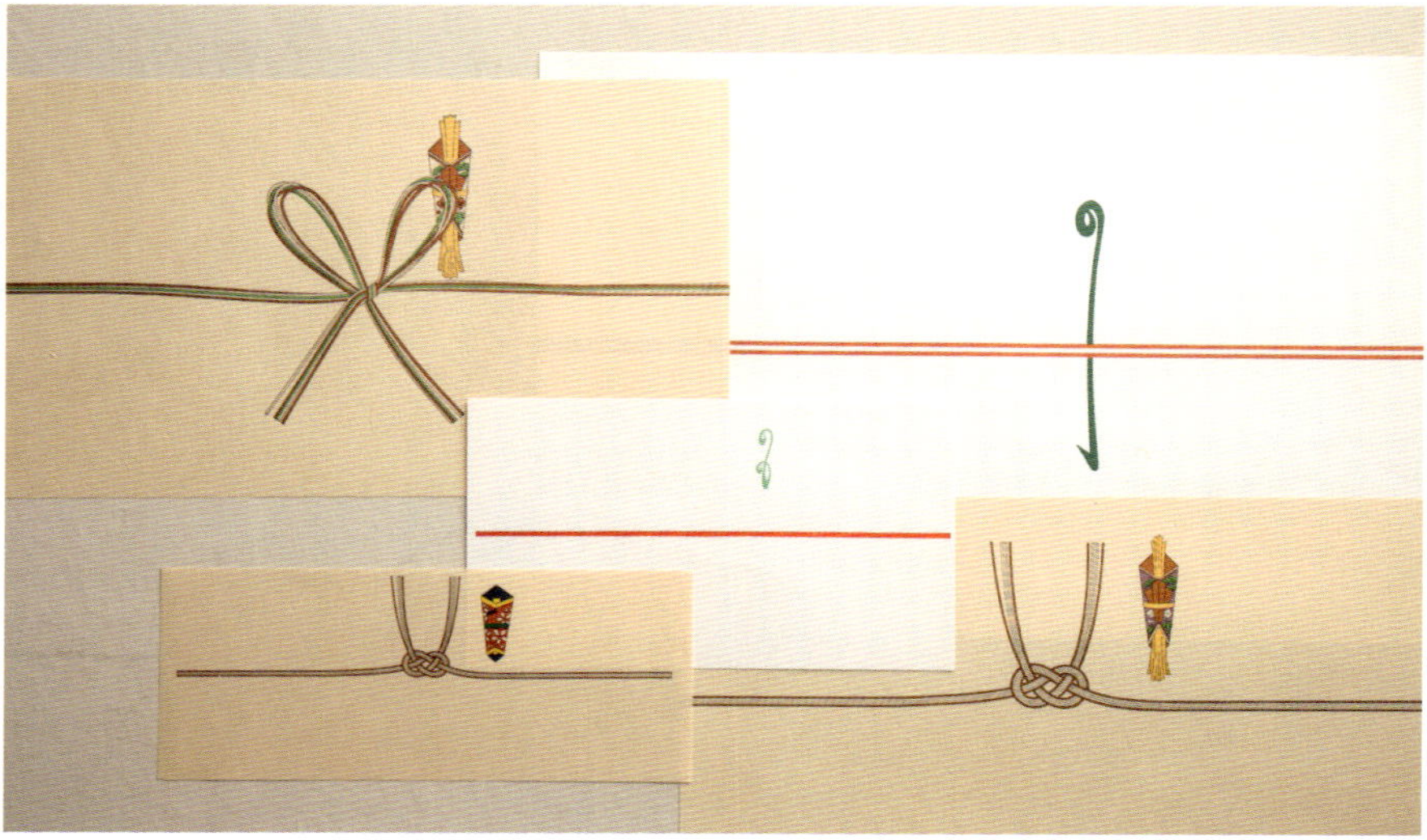

かけ紙にこころをかける

近年、かけ紙（熨斗紙）はお店やデパートにまかせるのが一般的になりましたが、本来は自ら品物を上質の紙で包み、熨斗をかけ、水引で結んでおくるものでした。贈答用のかけ紙は、檀紙または奉書紙を使用し、婚礼には紅白各一枚か白一枚、その他の慶事やお見舞いでは白一枚か二枚、弔事では白一枚を使うものとされていました。

包装紙の上からかけ紙をする外熨斗と、品物にかけ紙をかけてから包装紙で包む内熨斗があります。弔事と生ぐさものには「熨斗」はつけません。

こだわりのかけ紙を好みで選んで、自ら筆で書くことで、その人ならではの想いとセンスがあらわれます。鳩居堂のように、品物を持っていくと、正式なかけ紙、水引を選び、丁寧な書をしたためていただけるお店もあります。そうしたこともまた、相手を尊ぶ大切な心づかいです。

手渡し方

金封は、場面に応じた渡し方やタイミングが大切です。祝儀、不祝儀のときは袱紗に包んで持っていくのが礼儀です。また結婚等の贈りものは、当日ではなく時前に持参するものです。

袱紗の色は、慶事では赤系、弔事では青系の色が用いられ、紫はどちらでも用いることができます。また熨斗袋を包む場合、慶事には右前に包み、弔事には左前に包みます。

基本は風呂敷に折敷や進物盆を乗せ、その上に金封や進物を乗せ、掛け袱紗をかけて手渡しします。現在では袱紗や風呂敷だけを用いることが多くなっていますが、丁寧に渡すときは布袱紗、さりげなく渡すときはそのまま差し上げる紙袱紗（折袱紗、写真左）を用います。風呂敷だけの場合も、色は袱紗と同様に、慶事と弔事で使い分けます。袱紗や風呂敷をそのまま相手に渡されたときは、「おうつり」や「お多芽《ため》」として懐紙などを包んでお返しします。ただし弔事の場合は、何も入れません。紙袱紗の場合も「おうつり」は不要です。

心づけから

西洋では現在もチップの習慣が生き続けていますが、日本では日常生活で「心づけ」を渡す機会が少なくなりました。かつては普通の家庭でも、手伝いの方や職人さんへ、また盆暮れなどの行事に際して、手間賃とは別に「心づけ」を渡していました。いまも旅館や料亭などで、また結婚式の折などに、運転手、会場係、美容師などの方々に、感謝と喜びを分かち合う気持ちを「心づけ」に託す習慣が残っています。

「心づけ」や「お年玉」などを贈るときにも、文字が印刷された袋ではなく、こころを込めて自分の字で書き添えることにより気持ちが伝わります。相手の年齢や袋の意匠に合わせて、文字のデザインやおもむきを変えてみましょう。小さなポチ袋は、季節や相手の好みに合わせて選びましょう。多彩な意匠があるだけに、贈る側のセンスや心意気があらわれます。

金額による金封の大きさについて。

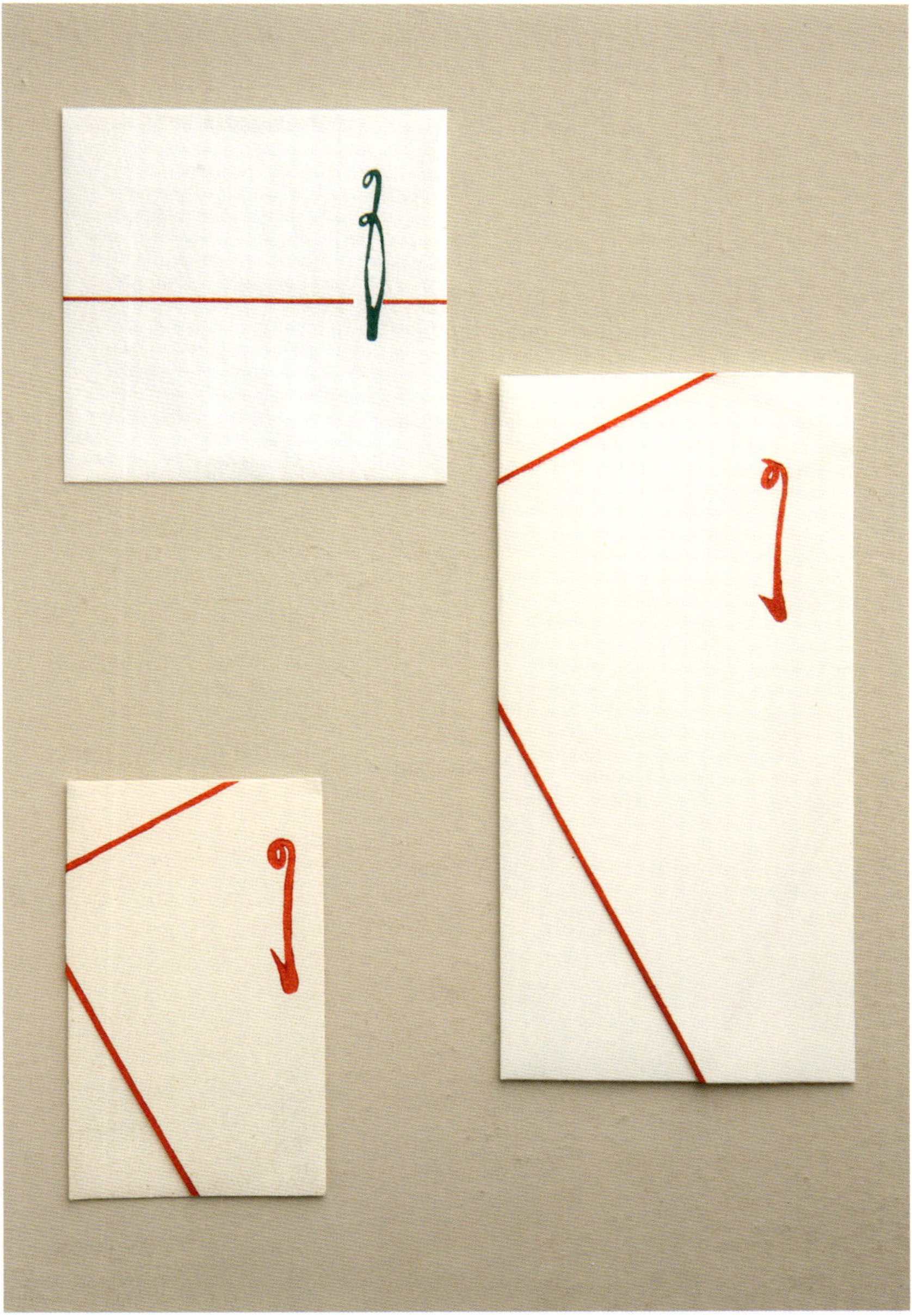

金封の大きさの比較。右は、10000円札等に用いる袋。10000円札は折らずに入れるのが決まり。左下は、1000円札等を入れる心づけのための「ポチ袋」。
左上は、主に5000円札を2つ折りにして用いるもの。

自分好みのかたちや色に、想いをこめて。

男性こそ、さりげない粋な心づかいで差をつけましょう。

モダンデザインの金封もいろいろあります。

贈る場面や季節も意識すると、こだわりが広がります。

熨斗袋（金封）の慣習地図

結婚式では真結びやあわび結びなど、結び切りの水引、一般の祝い事では、東日本ではもろわな結びを、西日本ではあわび結びを使用する傾向があります。また北海道の熨斗袋は、他の地域よりも一回り大きく、金額が小さいほど大きい傾向があるなどの違いもありますが、近年ではこれらの地域差はなくなりつつあります。

水引の慣習

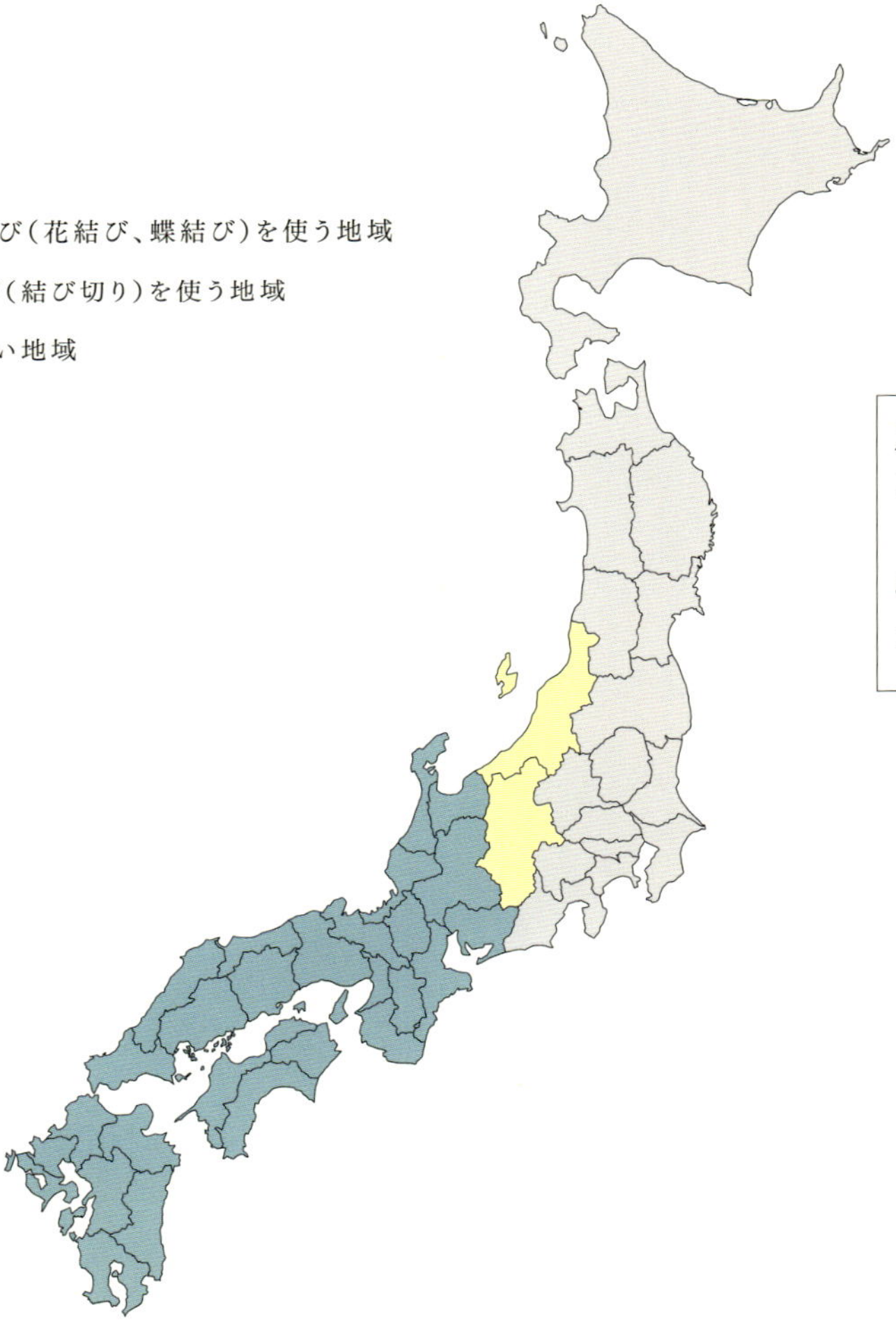

主に、もろわな結び（花結び、蝶結び）を使う地域

主に、あわび結び（結び切り）を使う地域

どちらともいえない地域

もろわな結び

あわび結び

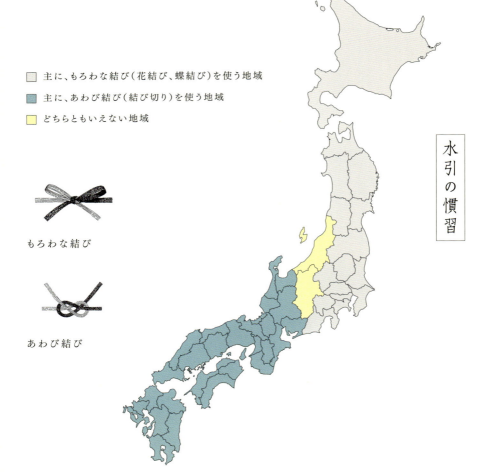

折りの慣習

山形、福島の一部も両方を使うことがあり、関西でも高額品では多当折が使われるようになりつつあります。

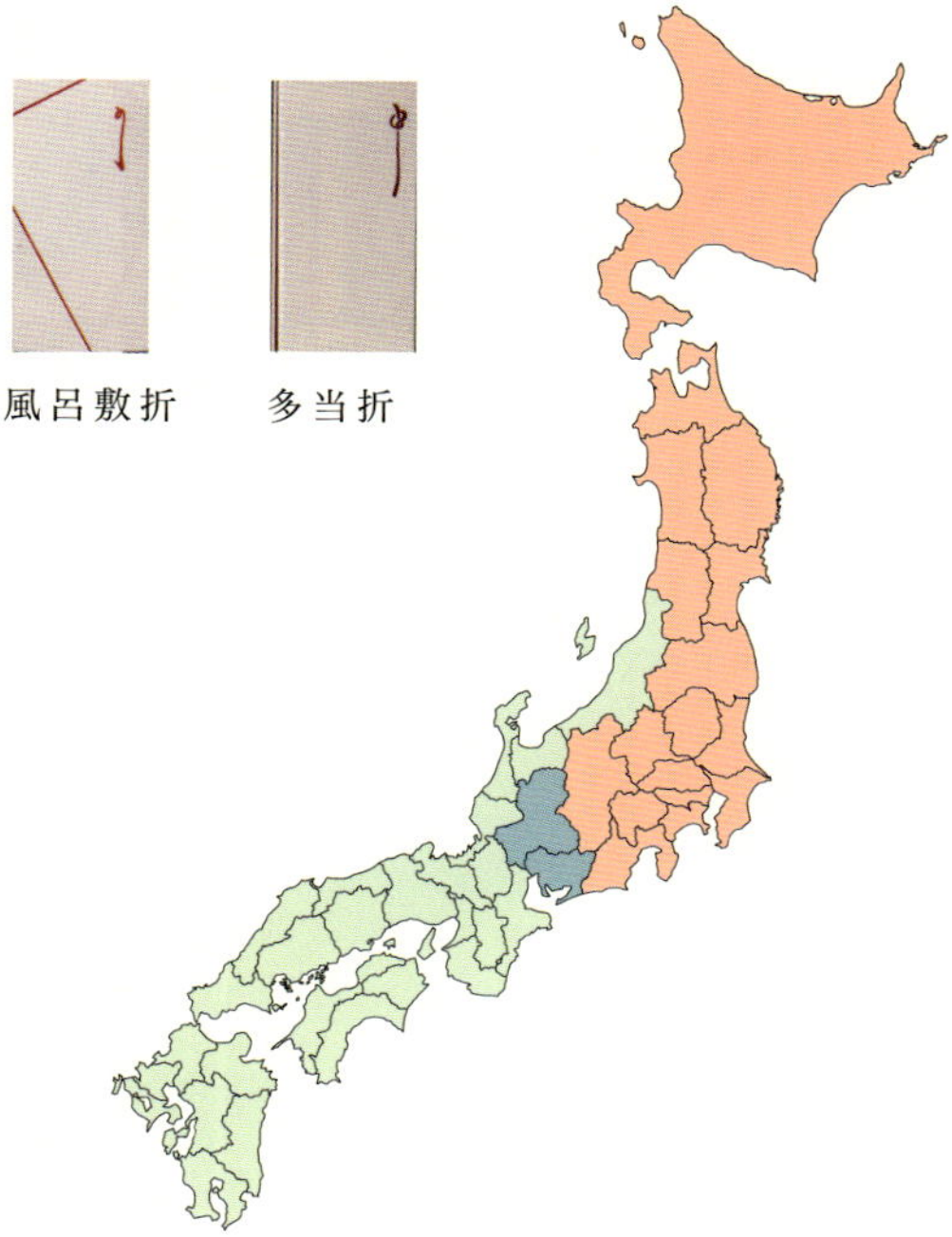

風呂敷折　多当折

- 主に多当折を使う地域
- 主に風呂敷折を使う地域
- 両方を使う地域

黄白水引の慣習

滋賀、奈良周辺では、法事に限らず葬儀にも黄白水引が使われることがあります。

黄白水引

- 法事用金包に黄白水引を使う地域

知る

熨斗や水引、袱紗や風呂敷には
それぞれの歴史があります。
一方で、昔ながらの伝統だと思
われているものが、意外に最近
つくられたしきたりだったり
することもあります。色やかた
ち、文字の書き方や渡し方のひ
とつひとつには、意味があり、物
語があるのです。

水引《みずひき》

古来より神仏への供物は、和紙を巻き紐で束ねて供えていました。この和紙を一寸幅に切り紙縒にして糊水を引き日干しにして固めた、細長い竹ヒゴのように硬くてしなやかな素材が水引の起源です。平安時代にはこれを染めて「水が流れるように」綴るようになります。室町時代には武家用の様々な礼儀作法が小笠原家や伊勢家によって定められ、後の小笠原流や伊勢流の飾り結びとなりました。

江戸後期には、伊勢貞丈《いせさだたけ》の『包結記《ほうゆうのき》』などで、水引を見ただけで進物の内容や送り主の気持がわかるほど厳格な規則が決められました。結び方には、水が流れるように結ぶことを基本としつつ、「真《ま》結び」、「かたわな結び」、「もろわな結び」、「あわび（または淡路《あわじ》）結び」、「あわび返し」など、多様なものがあります。熨斗とともに使われる現代の水引は、その多くが「あわび結び」の変形です。現在、真結びは「結び切り」と呼ばれ、結びなおすことができないため、「一度きりで繰返さない」という意味が与えられ、婚姻などに用いられますが、これは昭和以降の風習です。もともとは、あわび結びより軽い気持ちで贈る場合や、身内に贈る場合に用いるものでした。また「結び切り」の変形で、目尻の皺ができるまで末永く添い遂げるという願いを込めた「老いの波」が結納や結婚の際に使用されます。

儀礼用の水引には、渡す相手や内容により、細かい決まりごとがあります。紙縒の本数も、普通、吉事の場合は奇数で、三本、五本、七本と丁寧な場合ほど本数が多くなりますが、九本は「苦」に

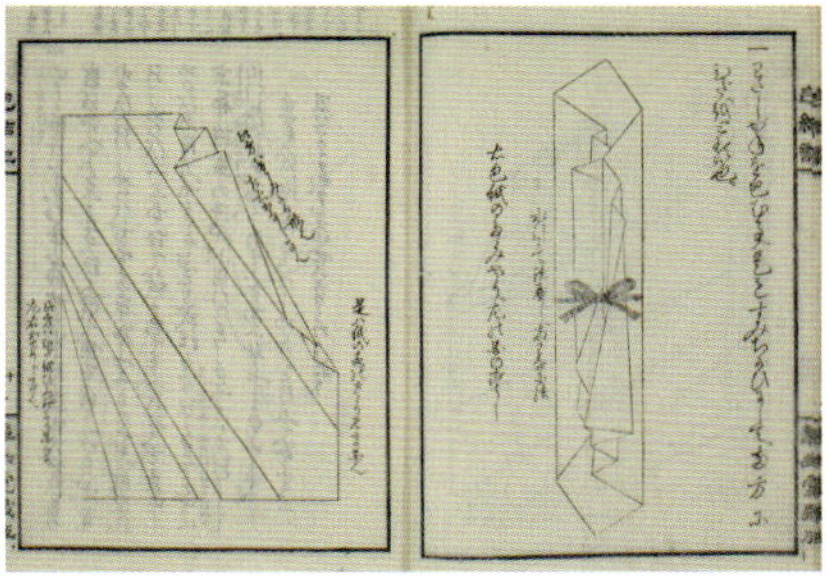

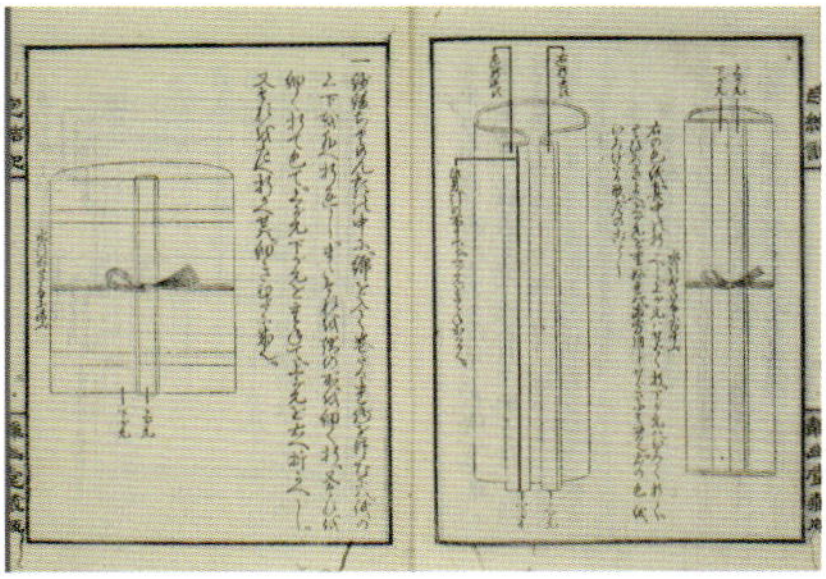

伊勢貞丈『包結記』(1830)より。

通じるため用いられません。凶事の場合は偶数とします。結婚のときに限り両家五本ずつの意味で十本を使うのがしきたりですが、近年では弔事でも十本が使われるようになりました。

祝い事全般に使われる「紅白」の水引は、正しくは「赤白」であり、本来の紅白の水引は皇室の祝い事に用いられ、紅色の染料で染められているものの、染めあがった色は玉虫色と呼ばれる黒に近い濃い緑色です。金銀は、結婚祝いや長寿祝いなど、金赤は神札や門松飾り、黒白と黒銀が仏事に用いられますが、これは西洋文化の影響であり、かつては青白が一般的でした。また黒白は皇室の紅白水引と間違えられやすいため、関西などでは黄白水引が使われます。双銀は香典や仏事、双白は香典や神事に用います。また、左側を白や明るい色、右側が暗い(濃い)色とするのが普通ですが、関西と関東では逆になることもあります。

和紙

中国で発明された紙が日本に伝来したのは六世紀以前のことでした。その製法も七世紀前半には伝えられていたといいます。いわゆる「流し漉き」の技法です。平安時代には、表裏の中間の紙層をつくる技術などに日本独自の工夫がほどこされ、『源氏物語』にも、我が国で本場中国よりも上質な紙が漉かれていたと記されています。

そんな薄く平滑で上質な和紙は、日本の書に独特の個性を生み出すひとつのきっかけになりました。一点一角に力と気韻を漲らせることを理想とした中国の伝統的な書法、つまり漢字の書法から、流れや擦れを活かす書体、そしてやがては散らし書きにいたるまでユニークな文字の風景が生み出されていきます。平仮名はもちろん、分かち書き、散らし書きなどは、おそらくなめらかな和紙の上でこそ、育まれてきたにちがいありません。そこからは幽玄や間などの美意識が羽ばたいてゆきます。

一方、日本人は何も記されていない無地の紙も愛してきました。「白」はまた「依り代」の「代」でもあります。御幣や梵天のように神事に白い紙が用いられるのは、それが清浄の象徴であるとともに、無垢な和紙こそが神や魂が宿る「依り代」にふさわしいと考えてきたためでもあります。もちろん清浄な和紙はまた、私たちのこころや想いをこめる「依り代」でもあるのです。

ひとくちに和紙といっても様々な種類があります。表面に小さな波状のしわ（しぼ）のある檀紙は、

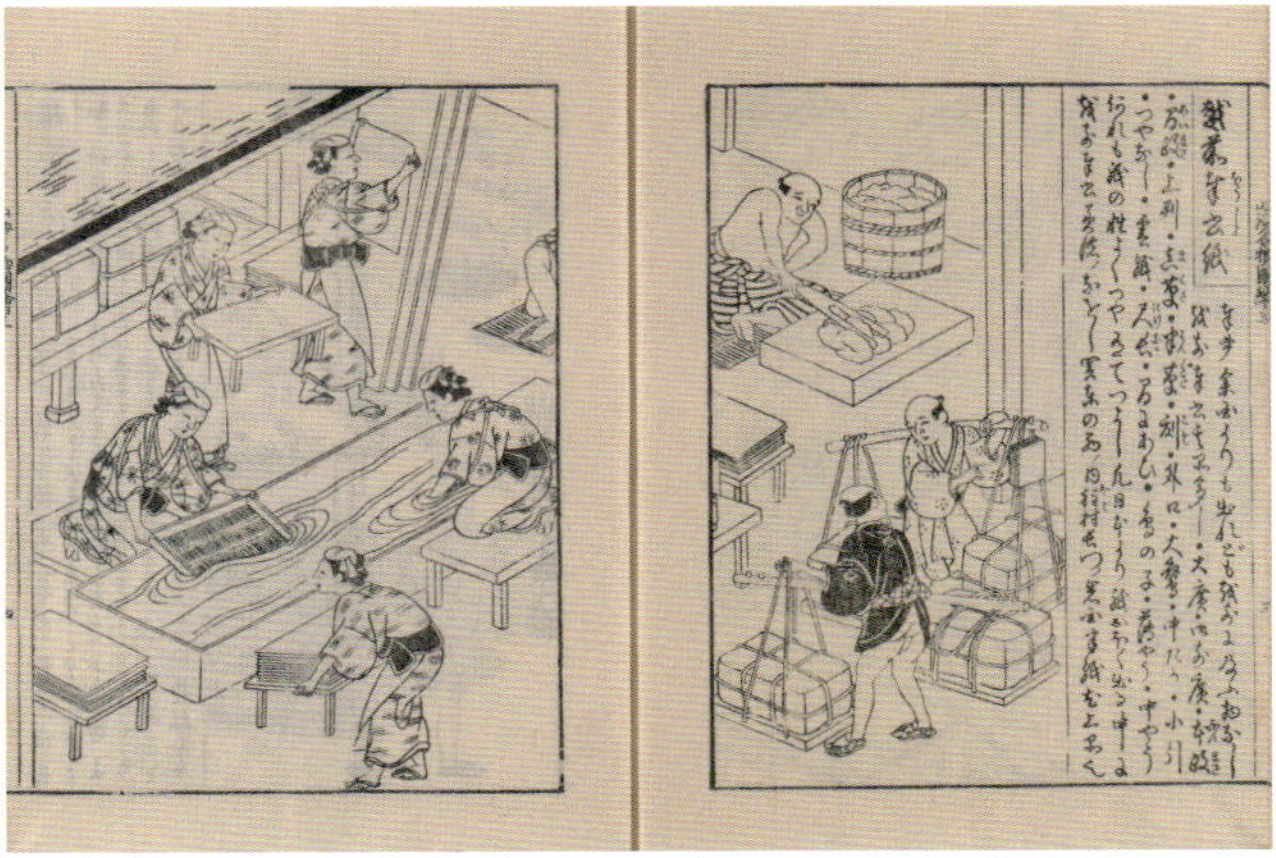

『日本山海名物図会』(1751)より越前奉書紙。

結納や結婚の祝い金など大切なときに用いる最上質の和紙です。手漉きでも上等なものは、一枚漉きといい、しなやかで、しわも深く細やかですが、現在は作り手が少なくなり、貴重なものになってしまいました。ただし、しぼは元禄年間に工夫されたものです。檀紙は、平安時代から公家の間で、消息や和歌などを書く際や金包みにも用いられました。平安時代には陸奥から良質なものが産出されたので、陸奥紙《みちのくがみ》とも呼ばれ、さらに古くは檀《まゆみ》を原料としたので真弓《まゆみ》紙とも伝わっています。奉書は、天皇・将軍などの意向や決定を下知する文書のことで、この奉書を書く紙として、奉書紙が多く用いられました。奉書紙は厚みと独特の風合いがあり、近代以降も重要な公文書や儀礼用に使われています。それほど格式ばらない場合はのり入れや半紙、心づけには縁紅紙や懐紙などを用います。

熨斗《のし》

熨斗とは熱で皺をのばす道具のこと。鮑の肉を薄く削いで伸ばしたものが熨斗鮑と呼ばれ、さらに熨斗が伸ばした鮑そのものを指すようになりました。熨斗鮑は、干して琥珀色の生乾きになった鮑を、竹筒で押し伸ばし、さらに水洗いと乾燥、押し伸ばしを何度も繰り返すことによって調製されます。鮑は長寿をもたらす食べ物とされ、「熨斗」が延寿に通じることから、とくに熨斗鮑は、古くから縁起物とされ、神饌として用いられるようになります。その一つの起源が、伊勢神宮での神事に使用された国崎（三重県国崎町）産の「熨斗鰒《あわび》」です。現在でも伊勢神宮では、古来の製法で調製された熨斗鮑が、六月と十二月の月次祭《つきなみさい》や十月の神嘗祭《かんなめさい》で奉納されています。この熨斗鰒を御師（参詣者を案内し、参拝・宿泊などの世話をする者）が縁起物として配りだしたのが、一般に広まったきっかけだとされています。中世には、武家の出陣や帰陣の祝儀や吉事の贈答に添えられるようになりました。一説には、熨斗鰒を贈りものに添えるのは、それが穢れていないしるしであり、鮑の香気により穢れや邪気を防ぐことができるという考えにもとづくものとされています。また相手を思いやり、いざというときの食料として添えられたともいいます。

熨斗袋以外では、正月の鏡餅に飾られる大熨斗や、婚礼時の結納品に用いられる束ね熨斗が一般的ですが、時代がくだると、熨斗袋の熨斗鮑は簡略化され、長六角形の色紙で包んだ黄色い紙（折り熨

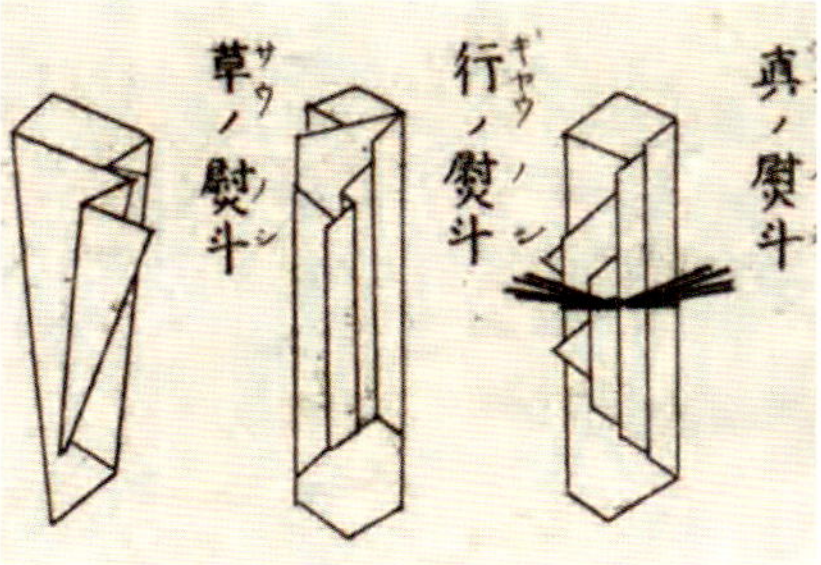

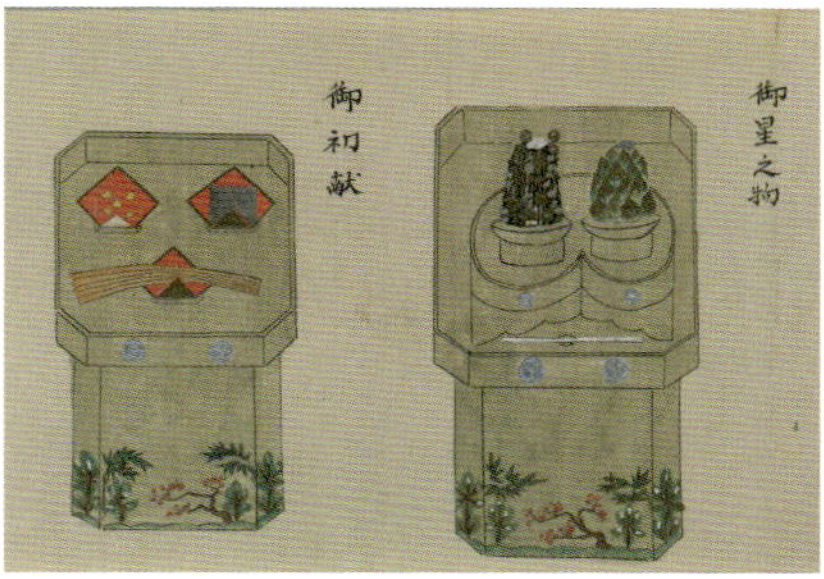

右：『家慶公姫宮君御婚礼御式正御次第絵形』（1830）より熨斗鮑。
左：折り熨斗（『現今児童節用』より）。
右より真、行、草。真は目上、行は格式張らないときや同僚へ、草は仲間や目下へ。

斗）が用いられるようになります。さらに簡略化が進み、現在では「のし」の文字や蕨や松葉を意匠化した印刷熨斗が誕生しました。いずれも長寿や繁栄を象徴する縁起物です。熨斗は本来海産物である鮑が用いられていたことから、生臭ものを忌避する仏事では使われません。また海産物そのものを贈答する場合も、中身との重複を避けるために熨斗を使わないのが本来です。
また、近年は「熨斗＝祝賀」の意味が強くなり、弔事でも熨斗を避けることから、病気のお見舞いでも熨斗を避けるようになりましたが、熨斗は本来、長寿への願いをあらわすので、お見舞いの場合でも、熨斗をつけた方がよいという考え方もあります。

袱紗《ふくさ》

袱紗とはもともと、柔らかで手触りのよいことをあらわす言葉でした。かつては、もの柔らかで人当たりのよい人は「袱紗な人」と呼ばれていました。もともと貴重品などが収蔵された箱の上に掛けられていた布が、その手触りから袱紗と呼ばれ、贈答品を運ぶときの汚れや日焼け防止として用いられるようになります。当初は一枚の布地だったものが、やがて裏地付きの絹製で四方に亀房と呼ばれる房付きのものに変わり、慶弔行事の金品を贈るときの儀礼や心遣いとして広蓋（黒塗りの盆、あるいは白木の進物盆）と併せて用いられるようになりました。

もちろん包装や覆いとしての実用的な役割もありますが、熨斗袋の水引がくずれたり袋が皺になることを防ぐ心遣いや、先方の心中や祭礼を重んじ、喜びや悲しみをともにする気持ちを示す意味も持っています。

色は、祝儀では、紫、赤、朱、エンジなどの赤系、不祝儀では、紫、緑、紺、藍、鼠などの青系の色が用いられ、紫はどちらでも用いることができます。近年では革製のスタイリッシュなものもつくられるようになりました。

熨斗袋を包む場合、慶事には右前に包み、弔事には左前に包みます。また渡す作法は、台付き袱紗の場合、先方の目前で袱紗を開いて金封を取り出し、袱紗から外した台の上に金封を乗せて差し出し、

『絵本小倉錦』に描かれた贈答シーン。

金封は必ず先方に向け（金封の下が先方側になるようにし）て、台を畳の上を滑らすようにして差し出します。台は両面が色違いになっていますが、祝儀の場合は赤色が表、不祝儀では緑色が表になるようにします。台のない場合は、袱紗を折りたたんで、その上に金封を乗せて差し出します。

綴（つづれ）の掛袱紗。表面が家紋、裏面が柄が一般的で広蓋（ひろぶた）に金封をのせ、掛袱紗をかけて差し出すことは、最も丁寧な姿勢です。家紋は、〜家が馳せ参じたということを表しています。受け取った側は、掛袱紗を裏返して柄面を上にして広蓋をお返します。

風呂敷

日本での「包む布」の歴史は古く、「ツツミ」の記録も文書に残されています。すでに奈良時代の正倉院宝物のなかに風呂敷状の舞楽の衣装包みがみられ、平安時代には、「古路毛都々美《ころもつづみ》」とも呼ばれ、貴人たちの衣服を包んだものが、やがて「平包み」と呼ばれ、風呂敷の原型となります。風呂敷の名称は、室町時代に入浴が饗応の手段となり、蒸し風呂の床に敷いた方形の布を風呂敷と呼んだことにはじまります。銭湯が庶民の暮らしに定着すると、風呂敷は入浴に必要な小道具を持参するために使われるようになり、さらに日常の包装運搬具として多用されるようになりました。

贈答の際に用いられる風呂敷の色はかつては、慶事を表し祝いに最適とされる朱色、先方への敬意を表すとされる紫色、弔事に用いるとされる藍色、慶弔両方に用いることができる利休（品のある山葵色）などが主流でした。風呂敷は大きさも様々ですが、慶弔の際には、一般に二幅（ほぼ七〇センチ四方）か中幅（四五センチ四方）が用いられます。正式には絹の縮緬を、一般には木綿のしっかりした生地の風呂敷を用います。

袱紗と同様に、慶事等では贈答品を先方に渡す際には風呂敷に包んで持参し、その場で「風呂敷を解いて渡す」ことが基本的な礼儀です。また前垂れは折り込んで、裏を見せないようにします。贈主

『四時交加』に描かれた風呂敷。

の面前で受けとった側が中身を確認することは、無作法とされており、またかつては贈答品には生鮮品等もあったため、贈る側が先方の眼の前で風呂敷を解くことが通例でした。

現代でも手渡す際に風呂敷を解き、贈答品のみを置いて、風呂敷を持ち帰るのが一般的です。風呂敷は、たった一枚の布でありながら様々のかたち、大きさのものを包むことができます。その基本が二種類の結び方、「一つ結び」と「固結び（真結び・かなむすび）」です。

この二つを組み合わせることにより、かなり自在な包み方ができるはずです。一つ結びは、風呂敷の一つの角だけを一度絡めて結び目をつくること。固結びは、風呂敷の二つの角を二度絡めて結び目をつくることです。

書く

手書きの文字、とりわけ筆による文字には、その人の心や気持ちがあらわれます。筆で相手の名前を書くだけでも、メールや電話ではなかなか届かない想いが伝わることだってあります。上手いか下手かよりも大切なのは、まず自分の気持ちに素直になって、筆を手にとってみることです。

熨斗袋に名前を書く

金封の文字は縦書きが基本です。墨は慶事は濃色、弔事は薄墨といわれますが、弔事に薄墨を用いるようになったのは最近のことです。紙質によって直接表書きができない場合は短冊に書いて挟むようにしましょう。筆や筆ペンで文字を書くことに慣れていなくても、まず自分の名前をバランスよく書くことを身につけてください。日常生活で最も書く機会が多いのが、ほかならぬ自分の名前です。自分の名前さえ美しく書ければ、熨斗袋はもちろん、芳名帳などのサインにも自信がもてます。自分の名前を書くことは、文字を書くことの基本であり、心をこめる第一歩です。

原則は楷書ですが、「自分の個性を生かした行書は、文字が苦手な方でも達筆に見せることができ、自分らしさを表現することにもつながります。

上手に見える四つのポイント

一、文字の中心線をそろえる

文字の中心線がまがっていると、たとえ字が上手でも美しく見えません。逆に、字が上手ではなくても、中心線が揃っているだけで、丁寧できれいな印象を与えることになります。

二、バランスのよい文字間隔

文字の間隔のバランスが悪いと、名字と名前の境があいまいになったり、全体が間延びした印象になります。文字の間隔を均等にすると整います。一文字の苗字や名前の方は、広めに開けます。

三、線の太さに強弱をつける

書き出しから最後まで、文字の太さを均一にすると、平板な印象になりがちです。筆運びに強弱をつけ、線の太さを変え、めりはりをつけると、文字が活き活きとしてきます。

四、個性をあらわす

とくに目上の人には楷書で丁寧に書くようにしましょう。それほど格式張った場面ではないときは、自分の個性を生かした行書でやわらかさ、親しみやすさを演出するのもいいでしょう。

結婚祝

漢字の「壽（寿）」は、豊穣を祈る文字。転じて命が長いことや、命そのものをあらわすようになりました。日本語の「ことぶき」は「ことほぎ」が語源。「こと」は「言」「事」、「ほぎ」は祝うことです。祝福の意味でもありますが、言葉によって幸福を招き入れる、という想いがこめられてもいます。

市販の熨斗袋には、短冊が入っているものも多いですが、やはり本来は、直接書きたいものです。

一文字のものは存在感をもったバランスで書きましょう。

主に関西で。

お礼の包み。

お返し。

御祝
御祝儀

「いわう（いはう）」の「い」は、不吉なものを避けて、吉事をまねくことをあらわします。かつては、「祈る」や「祭る」、あるいは「あがめる」の意味ももっていました。冠婚葬祭の「冠」は、慶事一般の祝いをあらわしますが、もともとは元服を意味しました。

「おめでとう」の「めで」は、本来「めでる（愛でる）」の意味で、「すばらしい」ことをあらわす言葉でした。

「御祝」は多くの場面に使われるものなので、是非、練習してみてください。

弔事

近年では、悲しみの涙をあらわす薄墨で記すようになりました。

お通夜、告別式では「御霊前」を用います。仏式では、四十九日以降は「御仏前」。「御香典」「御香奠」「御香料」も仏式、「御布施」「御経料」が仏式。神式では、「神饌料」「玉串料」「御祈祷料」「御榊料」「偲び草」などが神式のお礼です。「御供」「御花料」等は宗派を問いません。「志」は香典返しとして四十九日の忌明けなどに宗派を問わず用います（関西では「満中陰志」も）。

御霊前

御佛前

御香典

御花料

御供

玉串料

粗供養

志

お返し。

満中陰志

お返し（関西）。

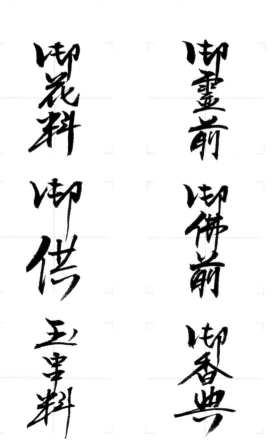

子どもの祝い

入園、入学、卒業、就職等のお祝いは、親しい身内で行う内祝いが多いものです。あまり型式にとらわれる必要はありませんが、子どもの頃からきちんとした熨斗袋や毛筆の書に触れることは、日本の伝統や文化を知るための絶好の機会でもあります。

「初穂」は、生産物の初ものを神に備える習慣から生まれた言葉。感謝や予祝（前祝い）の意味があります。

祝帯

御出産祝

命名

初穂料

お祝

御祝

入園祝

入学祝

内祝

御礼

人間関係で御礼はとても大切な振る舞いです。その御礼には、いろいろな表現があります。「寸志」には、目上から目下に贈るというニュアンスがあります。

「松の葉」は、かりそめを意味する風がな表現で、目下からの場合や、遅れてしまったお祝いや名目が分かりにくい場合に用いられます。いずれも「ほんのわずかな気持ち」という謙譲の意味を込めたもの。「心ばかり」は現代的なカジュアルな表現です。

稽古事

御膝付、束脩は、初めて御稽古に伺う挨拶でもあります。

現代は簡略化されていますが、伝統芸能の世界ではまだまだ使われています。「御膝付《おひざづけ》」はもともと、神事や宮中の行事などで、地面にひざまずくとき、地上に敷いて汚れをふせぐ半畳ほどの敷物のことです。

「束脩《そくしゅう》」は、古代中国で干し肉の束のことを指し、これを入学・入門時に師匠に謝礼として納めた風習がありました。

月謝

御月謝

御礼

御膝付

束脩

御挨拶

御祝

水屋
御見舞

楽屋
御見舞

年中行事

年賀は、正式には三が日ですが、松の内（一月七日まで）の表書きです。

中元は梅雨明け（七月初旬）から土用の入り（七月中頃）まで。

これをこえた場合は、暑中見舞（立秋まで、八月七日または八日）、残暑見舞（八月末、または九月七日頃の処暑まで）となります。

目上には「暑中御伺い」と書きます。

水引の基本は、五本または七本の花結び。

記念行事

「賀の祝い」は、一定の年齢になったことを祝う日本ならでは儀礼で、算賀、賀寿、年祝ともいいます。奈良時代には四十歳から十歳ごとに長寿を祝う風習がありました。還暦は満年齢六十歳で祝いますが、本来は暦が還ること、つまり十干十二支がひとめぐりして一に戻るという意味合いがあるので、数え六十一歳とすべきものです。三〇周年を半還暦、一二〇周年を大還暦と呼ぶこともあります。

還暦祝

祝古稀

祝米寿

祝還暦

祝喜寿

祝銀婚式

還暦御祝

祝傘寿

祝金婚式

数字の基本

金封の中袋には金額を書き込みます。

市販の金封の中袋には金額を書く場所があらかじめ印刷されていますが、ない場合は、表の中央に金額を書き、裏面の左下に自分の住所と名前を書きます。ただし一般的には慶事では住所は不要です。

中に入れる紙幣は、慶事の場合は新札、弔事の場合はひと折りしてから。

金
壱
弐

参
伍
拾

阡
萬
円

金額は、中袋の表に縦書きするのが一般的です。裏に金額を書く欄が横書き用に印刷されているものが多いですが、その場合も、旧漢字で金額を書いてみましょう。

縦書きでも、横書きでも、金額は「金○萬円也」と旧漢字で書くほうが、ていねいになります。「一」は「壱」、「二」は「弐」あるいは「貳」、「三」は「参」、「五」は「伍」、「十」は「拾」、「千」は「阡」、「万」は「萬」と書きます。「円」は「圓」と書くこともあります。

所番地や郵便番号など、読みやすさのために算用数字を使うこともあります。

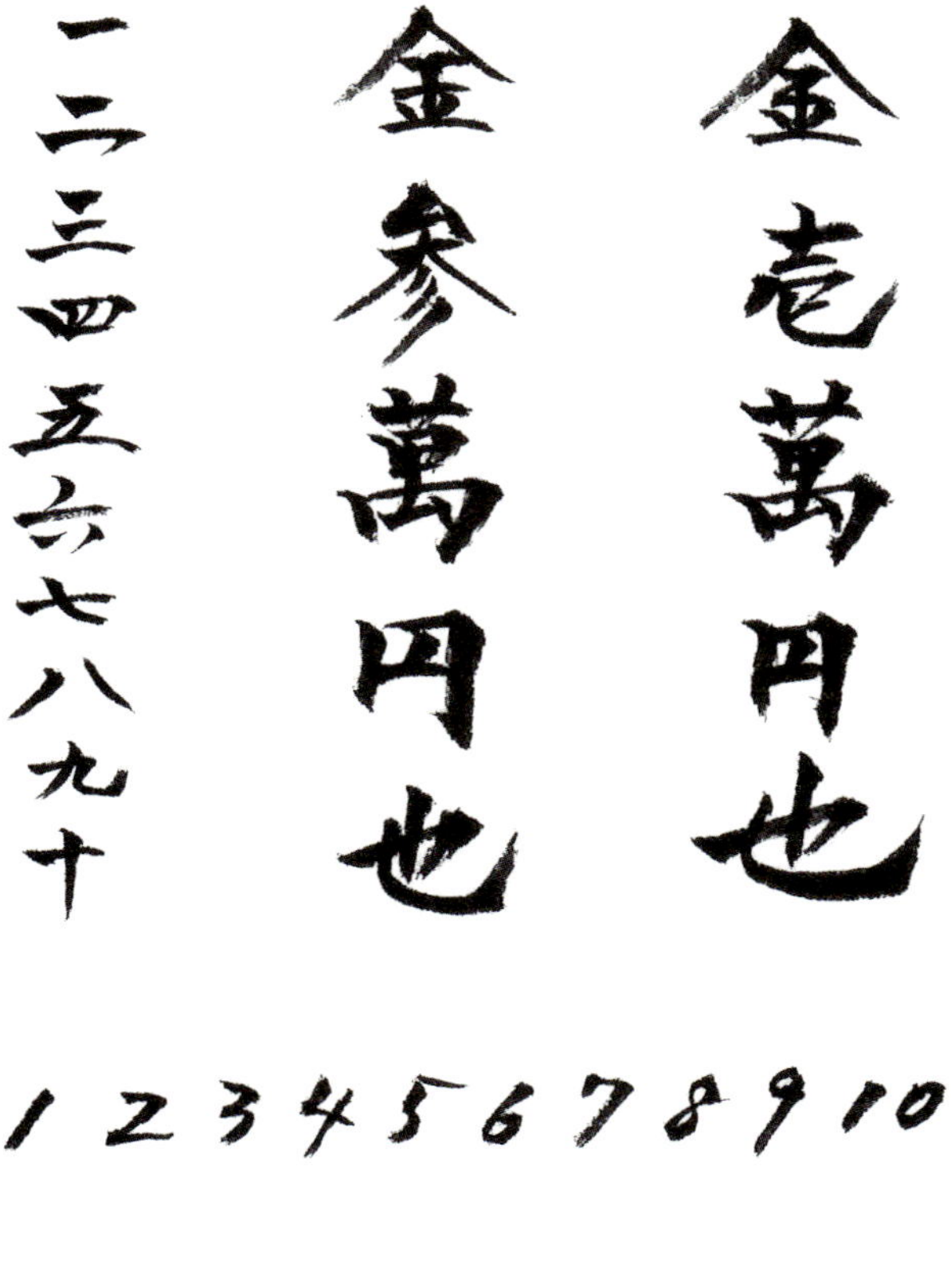

住所、宛て名、連名

一般的に、慶事では住所は不要ですが、弔事の場合には、住所も書いた方が丁寧でしょう。中袋に記入欄がある場合、そこに収まるように書くことが大切です。しかし長い住所を一行に収めることは意外に難しいものです。その場合は、「県」や「丁目」、「番地」、「号」の文字、「マンション名」などはできるだけ省略し、漢数字は間延びしないように、できるだけ詰めて書きます。穂先の命毛を使うことで、細い文字がきれいに書けます。

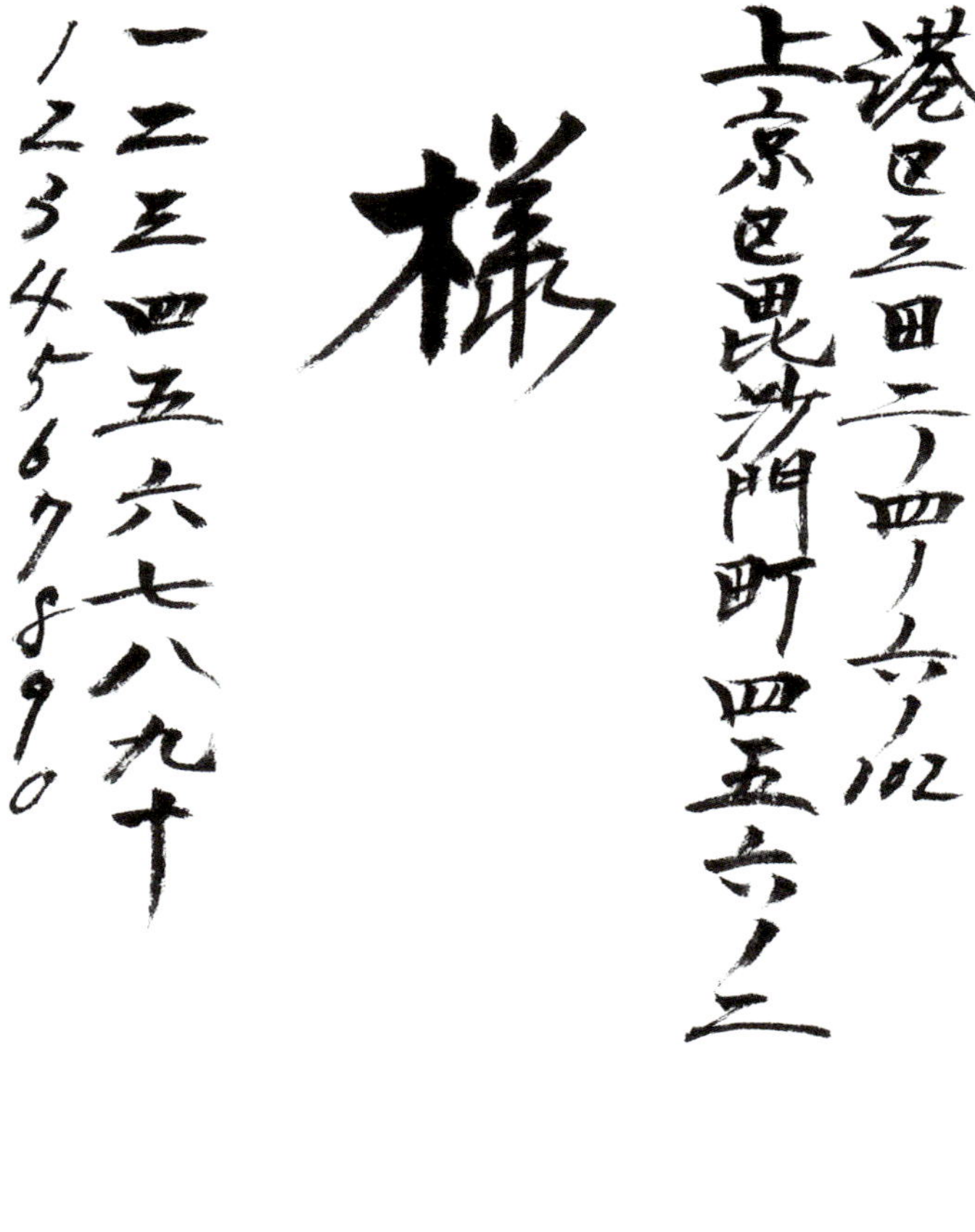

〈宛名の書き方〉

宛名を書く時は左上に書きますが、目上から目下の場合や特定の親しい人に贈る場合に限られ、通常は書き入れないものです。

贈り主の名前は下段の中央に書き入れますが、複数の場合の名前の並びは、宛名に近い方が上位、左から並びます。

〈連名の書き方〉
グループで贈る場合は、しきたりでは二名まで。
それ以上は「外一同」といわれますが、最近は、袋に書ける三名くらいまでは通常、書かれる場合が多いようです。そして、中包みの中に全員の名前をいれます。
三名の場合、目上の人を中央にして、その左に上位ですが、順序に迷う場合は五十音順に。

連名にできるのは三名までです。

右より年齢や役職が上の人の名前から順に記入します。

四名以上は代表者外一同などとし、中袋に名前を書きます。

※書を書く際は、赤枠で示したように天地の余白が重要です。

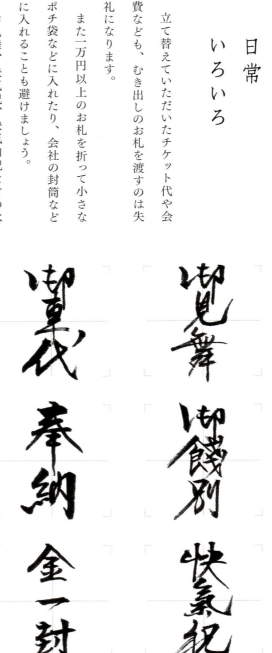

日常いろいろ

立て替えていただいたチケット代や会費なども、むき出しのお札を渡すのは失礼になります。

また一万円以上のお札を折って小さなポチ袋などに入れたり、会社の封筒などに入れることも避けましょう。

お見舞、快気祝、快気内祝などの水引は「結び切り」を用います。

袋にこだわり、名前や表書きを書くことに挑戦してみてください。

御見舞　御車代　会費

御餞別　奉納　御立替 御礼

快氣祝　金一封　目録

贈り物に添える言葉

一筆箋よりも、贈る場面にふさわしいカードを使って、贈りものに一言を添えてみましょう。同じ文字を書くなら、上手下手より個性を出して、印象に残るものに。落款《らっかん》を使うことで、より効果的になります。

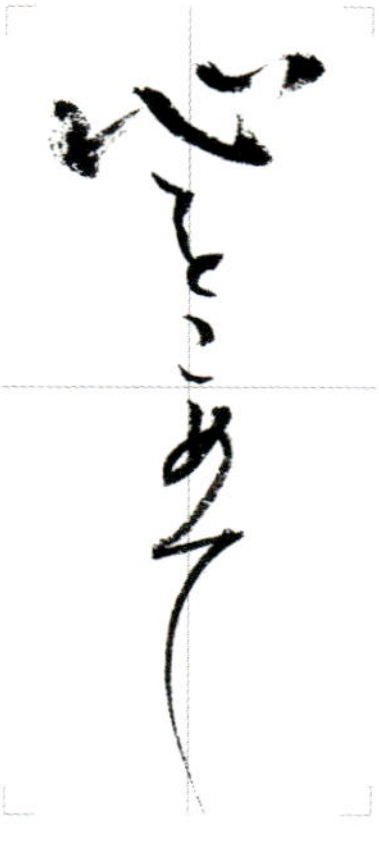

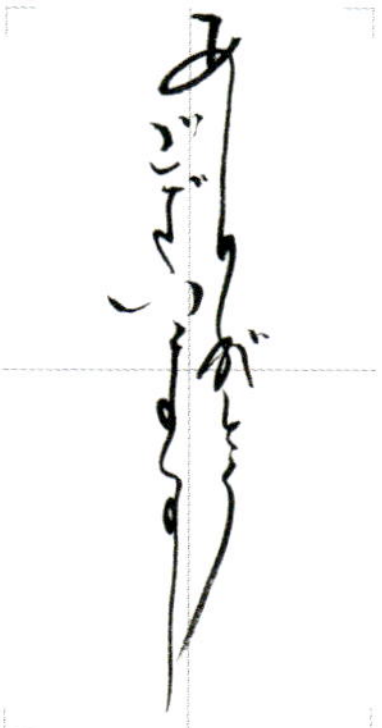

その他の例

ここで紹介する表書きの文字は、比較的よく用いられるものです。書体はあくまでも参考で、まずは自分らしい文字で書くことを心がけてください。熨斗袋の文字は、本来楷書が基本ですが、楷書は、きれいに書くのが難しく、実は粗《あら》が見えやすい書体です。いまの自分の字を活かしながら書きやすいかたちにくずし、個性的な文字にしてみましょう。行書になれることによって、楷書にも自信が持てるはずです。

※百貨店や鳩居堂で熨斗袋を購入すると表書きを書いていただけます。正式なものは、お願いしてもよいでしょう。

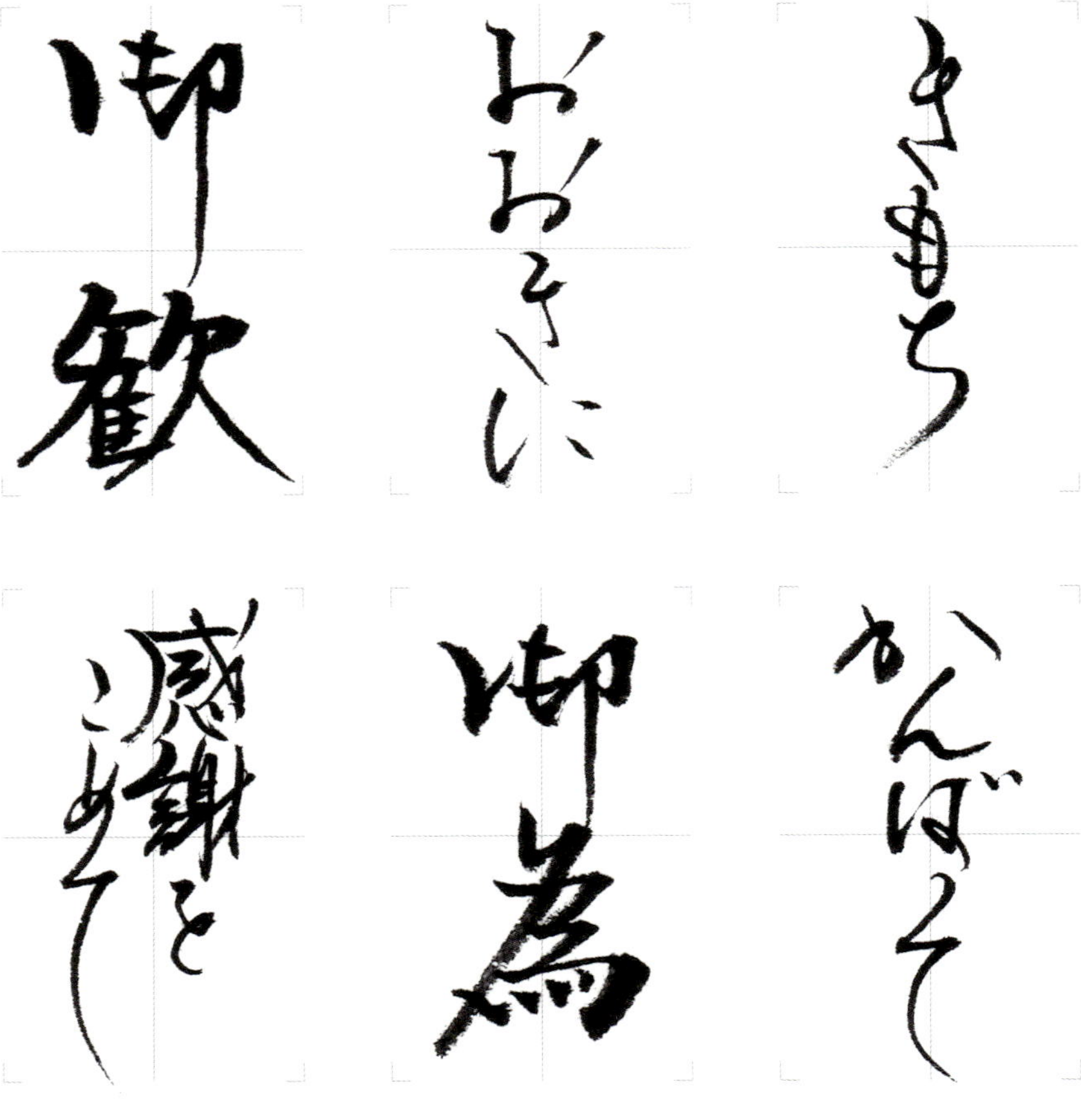

謝礼

薄謝

入門料

記念品

優勝

御寄進

贈呈

謹呈

祝御出版

陣中御見舞

受賞御祝

受賞記念

創立記念

新築内祝

祝初節句

祝上棟

開店記念

祝七五三

祝御新築

家族書

祝御卒業

祝御落成

祝誕生日

祝御就職

神饌料

御香奠

御膳料

御榊料

御布施

御戒名料

御ミサ料

御供物料

賀儀

偲び草

御経料

忌明

表書き一覧表

水引の結び方は、一般の祝事でも地域によっては結び切りを使うことがあります。また使い方は習慣や宗教によっても異なります。

種類	水引	目的	表書き例
結婚関係	金銀または紅白	結婚祝い	寿・御結婚御祝・御祝・御歓
		結納(一)	目録・受書・御帯料・御袴料
		結納(二)	家族書・親族書・酒肴料・御車代・御祝儀
		荷物送り	荷物目録・受書・御祝儀・お膳料
子どもの祝い	紅白	出産祝い	御初着・御初衣・祝御安産・御出産祝・御祝
		帯祝い	祝い帯・御帯・寿・御帯祝
		命名・宮参り	酒肴料・初穂料・神饌料・内祝
		初節句・初誕生日	御初節句・祝御初雛・祝御初幟・祝初誕生日
		入園・入学祝い	入園祝・祝入学・入学御祝・お祝・御祝
		卒業・就職・成人の祝い	祝御卒業・就職御祝・成人式御祝・祝成人
お見舞いと季節の贈答	紅白または赤棒	お年賀	御年賀・お年始・お年玉・おとしだま
		お中元・お歳暮	御中元・お中元・御歳暮・お歳暮
		お礼・御祝儀	御礼・薄謝・寸志・御祝儀・松の葉・粗品
		賞金・寄贈など	賞・賞金・金一封・記念品・顕彰記念・贈呈・寄贈・御寄進
	紅白または白無地	お見舞	御見舞・お見舞・陣中御見舞
	紅白	快気祝い	快気祝・全快祝・快気内祝

一般のお祝い	金銀または紅白	けいこ事	月謝・お月謝・お膝付・束脩・御礼・楽屋見舞・お祝・入門料
		人事異動	祝御栄転・祝御栄進・御餞別・はなむけ
		受賞祝いなど	受賞御祝・祝御出版・祝御入賞・受賞記念
		新築祝い	祝上棟・上棟記念・祝儀・祝御新築・祝御落成・新築内祝
		開店祝い	開店御祝・祝御開店・開店記念
		結婚記念日	祝銀婚式・祝金婚式・祝ダイヤモンド婚式 ほか
		長寿の祝い	祝還暦・寿・古稀御祝・寿古稀・祝喜寿・米寿御祝
弔事	黒白・双白・銀または白無地	会葬（仏式）	御香奠・御香料・御香華料・御佛前・御霊前・志
		会葬（神式）	御霊前・御玉串料・神饌料・御榊料
		会葬（キリスト教式）	御霊前・御花料・御弥撒料・御偲料
	白無地または黒白・銀・黄白	僧侶への謝礼	御布施・御戒名料・御膳料・御車代
		神職・神父・牧師への謝礼	神饌料・玉串料・謝礼・献金・昇天記念献金・御花料
	黒白・銀・黄白または白無地	香典返し・法事引出物	志・満中陰志・忌明志・粗供養
		法要への出席	御供物料・御花料・御霊前・御佛前・開眼供養・御塔婆料

深める

「折る」と「包む」は、日本文化の基本の基本かもしれません。
着物や住まい、そして料理でさえも、そのいたるところに「折る」と「包む」が隠れているようです。
折ることでかたちを生み出し、包むことでそこにいのちを込める……日本の美はそのようにしてつくられてきたのかもしれません。

贈答の日本文化

石上七鞘
いしがみ・ななさや
歴史学者、民俗学者、松蔭大学教授、文学博士

やまと言葉の「おくる」は「贈る」とも「送る」とも「後る」とも綴ります。贈ると送るは、人にものを贈ること、または後ろから人を見送ることをあらわします。自分から次第に離れ、距離をおく状態になることです。贈と送はまた、場所的にも時間的にも自分から遠ざかっていく状況に用いられ、後るは自分が遠ざかることを意味します。

野辺の送りという言葉があるように、送るは別世界に旅立つ者を送ることでもあります。「おくる」の「おく」は「奥」、つまり遠い場所、外からは見えない場所のことで「沖」でもありました。「おくつき」とは魂の世界のことです。また時間的には遠い将来のことを意味します。「おく」はまた、こころの内を示す言葉でもありました。

漢字の贈は、魂振りに用いた玉器のことで、かつて贈りものはそのような魂振り的な意味、あるいは魂鎮め的な意味を持っていました。送の文字はそのような贈りものを届けることとあらわします。

つまり贈るは、真心を贈ること、魂やこころと深くかかわる行為であり、たんなるモノのやりとりではなかったっです。贈るは祈ることと一体であったということもできるかもしれません。

贈答は、歳時記の一部でもありました。年始や節句、盆、花見や月見などに際しても、

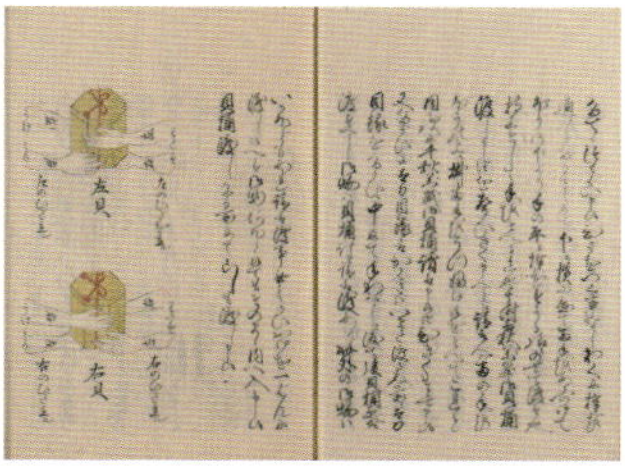

婚礼における貝桶の手渡し方を記した
伊勢貞文『婚礼方式』。

地方や職業によって様々な贈答がなされてきました。もちろん通過儀礼、つまり誕生、七五三、元服、結婚、出産、還暦、葬儀とそれに続く法要などにおいても、贈りものとそれに対する返礼が交わされるようになってゆきます。

中世の日本、とりわけ武家社会において贈ることが儀礼となってゆきます。室町時代には「他家より人の物くれたらんには、相当の贈るほどの返しをすべし」（『伊勢貞親教訓』）という記録も残されています。こうした返礼の義務化の背景には、当時急速に進展した貨幣経済があると思われます。

贈答の文化は江戸時代を通じてさらに発展してゆきますが、明治維新以降は、日本の贈答のありかたが大きく変化します。一方で、政府によって「風俗の改良」や「生活の合理化」が唱えられ、贈答廃止の運動が喧伝される中、贈り贈られるものの主役がモノから貨幣へと交代してゆきました。硬貨が中心だったそれまでの貨幣経済に紙幣が加わることによって、金封による贈答が一般化します。もちろん祝儀袋（不祝儀袋）が、庶民の間に普及したのも明治以降のことでした。

貨幣が贈答の中心となったことは、合理や打算の産物であるようにも見えますが、必ずしもそうではありません。貨幣、とりわけ紙幣は、それ自体に価値があるわけではありません。貨幣とモノとの交換は、あくまでも信用によって成立しています。貨幣の交換は「信じる」ことが基本になっているわけです。それは「お守り」や「お札」が、信心とともにあることと同じなのです。紙幣を「お札《さつ》」と綴ることは偶然ではありません。

またモノとお金を交換することを「支払い」と呼ぶのは、貨幣経済においても「払い浄める」ことが重視されたことの名残であるともいえます。さらに、多くの地域で、様々な行事に際して金品、あるいは労働を提供された際の返礼を、「おうつり」と呼んでいます。「おうつり」は、こころをうつすこと、返すことでもあり、現在、日常的に使われている「おつり」の語源でもあります。かつては、モノを売り買いすることもまた、魂やこころと深く結びついた行為だったわけです。

「おうつり」の「うつり」は、「うつる」あるいは「うつす」ことです。もちろんモノやこころが移動することなのですが、「移る」や「遷る」は、「映る」や「写る」でもあり、他にあるものがそこにあらわれることを意味し、ものの本質がそこにあらわれることでもありました。日本独特の「うつろひ」の美意識も、この「うつる」という言葉から発展したものでした。

「包」の象形文字（「説文解字」より）。

基本的に日本では西洋のチップのようにむき出しで、貨幣を与える（贈る）ことがないのは、贈る行為が魂やこころと深くかかわっているからでしょう。金封を熨斗や水引で飾り、自らの文字を記すことはまた、日本の文化に正面から向き合うことでもあるのです。

このように日本では「おひねり」に代表されるように、チップは紙で包むというのがしきたりになっています。「おひねり」しかり「祝儀袋」しかり「お年玉」しかりです。現金を裸で渡すのは「はしたない」という日本独特の文化です。

包むの「包」の文字は、「腹の中に子を身ごもっている姿を描いた象形文字」からきています。赤子は襁褓《むつき》に包まれる以前に、母胎の中で羊水にやさしく包まれているわけで、その母子一体の姿から「包」の文字は生まれました。ここに「包む」ということの本質が見えます。包むという言葉がもつ「やさしさ」のニュアンスは、この語がその誕生のときからもっていたのです。「包容力」という熟語は、包むことのやさしさを一番よく表す言葉です。さまざまな場面で接する「包むということ」もまた、このやさしさに深く関わっています。

贈答にこめられるこころ

小笠原敬承斎《おがさわら・けいしょうさい》
小笠原流礼法宗家

手土産の特集があらゆる雑誌で扱われるほど、贈答は日常のなかで頻繁に活用されています。これほどまでに品物の選択肢が広がったのは近代以降であり、それまでの贈答の主だったものは食べ物でした。

農耕民族中心であった日本人にとって、農作物を守り、豊かな収穫を得るために、天災を避けられるようにと神への供物を捧げることは当然であり、それこそが贈答の起源ともいわれています。供えられた穀物やお酒などは、人々で分け合い、飲食を共にし、互いの絆を強めていく役割もありました。

それほどまでに思いが込められた供物、それが神に対するものであれば、清浄であることは必須です。清浄を表すには、白の紙が不可欠でした。それゆえ、昔は白い紙で贈り主が品物を包んでいたのです。贈り主、贈答品、すべてを穢れから守り、清浄を保つ効果が白の紙にはあるということです。ご存じの通り、古来、紙は大変貴重なものでしたので、江戸時代までは紙そのものが贈答の品としても用いられていました。

贈答といえば、小笠原流には室町時代より折形が伝えられています。折形とは、なかに包まれる品物にあわせて紙を折るということです。すでに室町時代には四十種類以上の折

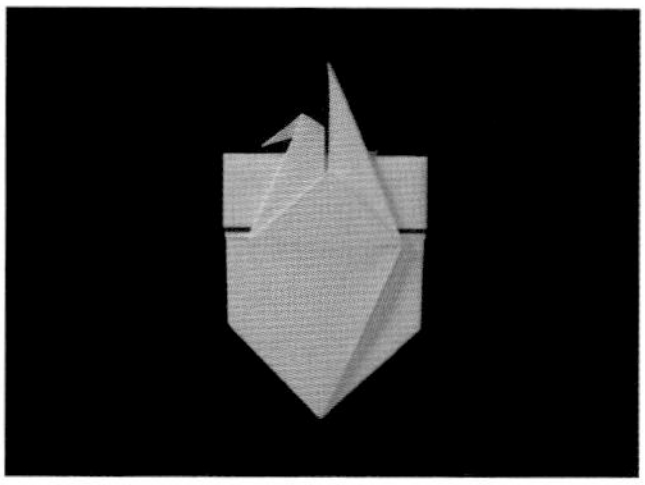

折形。
小笠原流礼法宗家本部提供。

形が完成していたといわれますが、江戸時代以降はさまざまな人の手によって数え切れないほどの種類ができました。折形の普及の要因は、人々に礼法の基盤が築かれ始めたこと、和紙の生産技術が高まったこと、印刷技術の進歩による折形の解説書が出版されたことなどがあげられます。

この折形には、水引が結ばれます。水引は単に品物を包んでいる紙を固定させるという役割だけでなく、結び目そのものにこころが表現されます。折形と同様に、江戸時代には一般の人々にも普及し、かなりの結び方が生まれたようです。水引に関しては、主に三種類の結び方を覚えていらっしゃるとよいかと思います。

相手の方の人生のなかで一度限りと思われる結納、結婚、葬儀に関することなどには「真結び」または「あわび（淡路）結び」を用います。真結びはシンプルではありますが、端整で品格がある結びといえましょう。

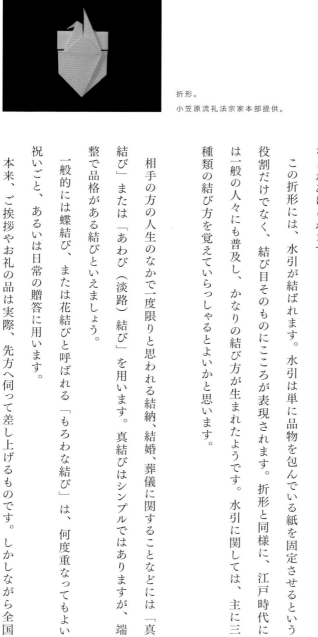

一般的には蝶結び、または花結びと呼ばれる「もろわな結び」は、何度重なってもよい祝いごと、あるいは日常の贈答に用います。

本来、ご挨拶やお礼の品は実際、先方へ伺って差し上げるものです。しかしながら全国

右より「真結び」「あわび結び」「もろわな結び」。小笠原敬承斎著『小笠原流礼法入門見てまなぶ日本人のふるまい』(淡交社)より。

に配送することが手軽にできるようになると、郵送や宅配で贈答品を送られる方も少なくありません。たとえば、お中元やお歳暮などを配送によってお送りする場合、熨斗紙を品物にかけていただくよう、お店の方に依頼されるのではないかと思います。ちなみに熨斗紙とは、水引が中心に、右上には小さな熨斗包みが印刷してある紙です。

熨斗紙を使用するときには前述の通り、水引の結び方を選んで伝えます。「お中元」「お歳暮」「御礼」などがあらかじめ印刷されている熨斗紙が用意されるお店もありますが、特にあらたまった贈答には簡易的な印象を与えてしまうことが否めません。せめて店頭にて、お店の方に無地の熨斗紙をいただき、直筆で文字を記されることをおすすめいたします。もちろん、贈答品が先方へ届く前に、日頃の感謝の気持ちを記した手紙をお送りする、あるいはカードを添えることも大切です。

また昨今は贈答品の代わりにお金が用いられるようになりましたが、それも歴史は浅く、不浄と捉えられてきた紙幣をあらゆる用途で相手にお渡しするなど考えられないことでした。したがって、慶事や弔事の席には、事前に新札を準備し、その新札を紙や封筒に入れ、さらに金子包み（祝儀袋、不祝儀袋）で包んで持参することが欠かせません。持参するさいには直接、ハンドバッグやジャケットの内ポケットに入れるのではなく、袱紗で包むことも忘れないようにいたしましょう。

さて、表書きに関してですが、美しい文字は当然のことながら素敵です。ただし最も大切なのは相手の方を思いながら、自分をひけらかすことなく慎みのこころで、丁寧に文字を書くことです。見えない時間をかけることによって、贈答を通じて相手にこころを届けることができます。

礼法は相手を大切に思う「こころ」と、その「こころ」を「かたち」に表すことによって成り立ちます。文字にも「こころ」をのせてみてはいかがかと思います。それによって、相手の方と真のこころの交流が行えるのではないでしょうか。

折形にこめられたもの

山口信博
やまぐち・のぶひろ
アート・ディレクター、
折形デザイン研究所主宰

「折形」とは、武家故実の贈答の際の包みと結びの礼法です。一子相伝でしたが、その禁を自ら破り、出版されたのが伊勢貞丈の『包結図説』です。

江戸時代の中期の天保十一年（1840）に出版されています。上巻が『包之記』、下巻が『結之記』、合わせて『包結図説』。「折形」のバイブル的な存在となっています。著者、伊勢貞丈は享保二年（1718）に生まれ、天明四年（1784）六十六歳で亡くなっています。彼が活躍した江戸時代の中期は、国学が生まれ始めた時でした。

『万葉集』研究の賀茂真淵や本居宣長が、『古事記』の研究と再評価を進めていた時代でした。この国の内なる価値を再発見しようという時代の空気に呼応するかのように多くの書物を著しています。貞丈は、武家故実を司っていた伊勢家の当主でしたから、伝承された有職故実を知悉していました。

『軍用記』など、武家故実家ならではの戦いにまつわる礼法の仔細が、文章と絵で示されています。

水引（あわび結び）。

彼の代表的な著書『貞丈雑記』には、〈我が先祖伊勢守は、代々京都将軍の政所職をうけ給わり、御所奉行を兼ね務めし故、将軍家殿中の礼儀作法は皆伊勢守の司る事なりしかば、将軍家礼法の記録多く伝わりしが、応仁の乱に多く焼失せてんげり。されども、それより後の書でも家に伝えあるによりて、京都将軍の礼法の家と世にもとなえ、「伊勢流」と人の名付けいう事になりたるなり〉と記し、出自とその家柄の正統性への自負を述べています。

伊勢家は足利氏に仕え、武家の有職故実を司っていましたが室町幕府が終わり、一時は伊勢家は没落します。が、江戸時代に入って、伊勢家に伝承されていた故実に関する知識が求められ、徳川幕府の幕臣となりました。故実家の家柄に生まれ、同時に生来の学究肌に加えて絵心にも恵まれていたらしく、膨大な著書の多くには必ず図が添えられています。一方で現代人に通じる極めて分析的で、かつ論理的科学的であることも彼の特徴でしょう。伝承の世界では〈古よりの伝也〉の一言で片づけがちですが（伝承という側面では大切なことだと思いますが）、彼は、「ことわり」つまり、理由を説明しようと心がけています。

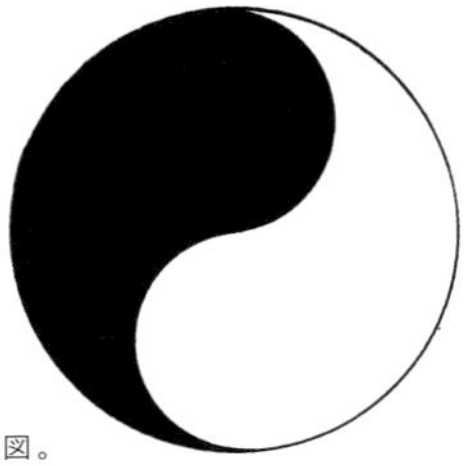

太極図。

『包之記』の冒頭で、〈結び様丸き物をばかたわなに結ぶべし　わなをば左になし端の方をば右になすべし　端を右の手に取り引とく為也〉と理由を述べ、さらに〈ひらき物をば両わなに結ぶべし　丸きは天の形にて陽也物のはしたなるは陽也　故に丸き物はかたわなに結ぶ也　ひらきは地の形にて陰也物のならびたるは陰なり　故にひらき物はもろわなに結ぶ　是古よりの伝也〉と続けています。

形や数にも陰陽があり、その陰陽思想に従って結びが片輪《かたわな》となり、時には両輪《もろわな》になることを説明しています。と同時に、進物を受け取った側の結びの解きやすさからだという、先様の側からの見方も示し、二つの理由が重なっていると理由を解きます。〈古よりの伝也〉としながら、古くからの伝承の中にある合理的な思考を明確に、分析的かつ論理的に語ります。その「ことわり」には、現代人を十分に納得させるだけの力があると言えそうです。

ここで、陰陽思想について少し述べておく必要があるでしょう。「折形」の「包み」にも「結び」にも深く陰陽思想が根底に流れているからです。その思想を端的に表しているのが、太極図です。円を回転対称の関係にある二つの黒と白の巴の図形が、等分し、黒と白は陰と陽を示し、その二つの間には相即の関係があります。しかし、それは固定的ではなく、陰は陽に転じ、また陽は陰に転じる相補性を持ち、相対にして一体であるという思想です。

仏教も道教も神道をも超えて東洋思想の根底を成しているものでしょう。

二つの巴は時に天と地であり、左と右、男と女、昼と夜、奇数と偶数、吉と凶でもあります。世界は二項に双分されますが、これら分極した二項を対立とは見ることはしません。相対しつつ一体であり、世界が生成される力の源がここにあると考えました。ここが重要な点です。

「折形」の「包み」は吉の場合は右前となり、左から折り始め、右から包みこみます。「吉」に対して「凶」は折り手順は逆となります。また、「結び」も左右から異なる色同士を結び合わせています。

このように、「折形」の「包み」にも「結び」にも陰陽思想が隠されています。それは、金品の贈答は、「モノ」を通じて「世界を生成させる力の源」つまり、「ココロ」を贈っているからでしょう。人には見ることができない「ココロ」は「モノ」に託すしかありません。贈り物は、包まれた内側の「モノ」に「ココロ」がある訳ではではなく、「包み」や「結び」という外側の「折形」にこそ「ココロ」があると日本人は考えてきたのです。

おわりに

日本は「言霊のさきはふ国」です。古くから声に魂が宿る、あるいは言の葉そのものが魂であるとされてきました。

一方、大陸から伝わった漢字は、その一つひとつが意味を持つばかりか、祝いや呪いの力をはらんでいました。古くから伝わる言霊を文字としてしるすことで、言葉の持っていた力は場所や時間を超えて伝えられるようになります。

同じ「書」でも中国の書と日本のそれとは、大きく異なっています。漢字の起源が骨や石や金属に刻まれたものであるように、中国の書の背景には「刻む」文化が横たわっています。日本の文字は、そのはじめからしなやかな筆でやわらかな紙に書くものでした。そして、しなやかな筆で文字を書くためには、姿勢を正さなくてはなりません。もしかすると筆で文字をしたためることが、日本人のたたずまいをつくりあげていったのかもしれません。

さらに日本は、他の漢字文化圏にはない仮名という独特の文字を生み出しました。とりわけ流れるようにしたためられる平仮名は、言霊を定着させるためにふさわしい文字です。文字を音のように書きしるすことは、近代になるまでかたくななまでに護られ続けます。

中世末期に宣教師とともに西洋文化が伝えられ、鉄砲や眼鏡が日本でも実用化されますが、同時に伝来したペンや活版印刷は、あれほど隆盛した江戸の出版文化においてさえ、無視され続けました。一文字一文字を切り離してしるすこと、硬い筆記用具で刻むように書くことは、言霊とともにある日本古来の文字文化にはなじまなかったのでしょう。

もちろん明治維新以降、ペンや活版印刷は急速に普及します。さらにそれらは現代のデジタルテクノロジーによって取って代わられつつありますが、筆を使わなくなったことで、近代以降、日本人のたたずまいは大きく変化しました。和装から洋装に変わったこと以上に、文字を書く行為の変化が、日本らしさの喪失に結びついているとさえ思われます。

日本とは何か、日本らしさとはどういうことかをあらためて考えるためには、まず文字を書く、書をしたためるという行為と向き合ってみる必要があります。手紙や記帳、そして本書で中心的にとりあげた金封に文字を書くことは、日常生活のなかで、日本のこころや美意識を感じ、向き合うことにもつながる一歩となることと思います。

おすすめのお店

〈鳩居堂〉
東京鳩居堂銀座本店
〒104-0061 東京都中央区銀座5-7-4
TEL 03-3571-4429　FAX 03-3574-0075

京都鳩居堂京都本店
〒604-8091 京都市中京区寺町姉小路上ル下本能寺前町520
TEL 075-231-0510　FAX 075-221-5987
www.kyukyodo.co.jp/

〈榛原〉
日本橋本店
〒103-0027 東京都中央区日本橋2-7-1 東京日本橋タワー
TEL 03-3272-3801　FAX 03-3281-7992
www.haibara.co.jp/

〈小津和紙〉
〒103-0023 東京都中央区日本橋本町3-6-2 小津本館ビル
TEL 03-3662-1184　FAX 03-3663-9460
http://www.ozuwashi.net/

〈折形デザイン研究所〉
〒107-0062 東京都港区南青山4-17-1
www.origata.com/

〈有便堂〉
〒103-0022 東京都中央区日本橋1-6-6
TEL 03-3241-6504　FAX 03-3241-1055
www.haibara.co.jp/

〈贊交〉
〒607-8216 京都府京都市山科区勧修寺東出町27番地
TEL 075-572-8964　FAX 075-572-8905
www.shoga-sankou.co.jp/

〈やま京〉
〒605-0802 京都市東山区大和大路四条下ル大和町2
TEL 075-561-0172　FAX 075-561-9165
www.wepkyoto.co.jp/yamakyo/

〈紙司 柿本〉
本社 〒604-0915 京都市中京区寺町通二条上ル
TEL 075-211-3481(代)
http://www.kamiji-kakimoto.jp/

川邊りえこ

Rieko Kawabe

日本雅藝倶楽部、にっぽんや工房主宰。書道家、美術家。日本文化を伝える啓蒙活動として1995年より会員制の「日本雅藝倶楽部」を東京と京都で主宰。また1990年より手掛けている日本の職人によるものづくり、日本の素材を提案する「にっぽんや工房」を運営。2004年には、書を中心とした日本の文化を世界の子供たちに伝える「雅藝日本文化交流基金」を立ち上げ、国際交流活動や子供ワークショップを展開している。自身のアート活動では、日本古来の伝統や美意識、神官としての幅広い知見をベースに、「KOTOTAMA」を展開している。2018年には、社団法人雅藝日本文化協会を設立。独自の方法で「日本の美とこころ」の深層を探求し、その多層性と魅力を、広く世界へと伝えるための活動をスタートさせた。著書に『雅藝草子』、『ことたまのかたち』(いずれも工作舎)がある。

日本雅藝倶楽部

www.miyabigoto.com/

川邊りえこによって1995年に設立された、流儀にとらわれない日本文化を学ぶ場。四季の自然や伝統から成り立つ日本の美を総合的に伝え、書をはじめとして、茶道、香道、陶芸、三味線など、日本の文化の「真・行・草」を学ぶ会員制の倶楽部である。

お稽古場 東京・三田

東京都港区三田2-4-6 102

お稽古場 京都

京都市上京区毘沙門町456番地2

熨斗袋（のしぶくろ）

選ぶ 書く 伝わる

発行日　2019年11月20日

著　者　川邊りえこ

寄　稿　石上七鞘、小笠原敬承齋、山口信博

編　集　米澤 敬

装　丁　岡本 健、山中桃子（岡本健デザイン事務所）

印刷・製本　株式会社精興社

発行者　十川治江

発　行　工作舎 editorial corporation for human becoming

〒169-0072 東京都新宿区大久保2-4-12

新宿ラムダックスビル12F

phone: 03-5155-8940

fax: 03-5155-8941

www.kousakusha.co.jp

saturn@kousakusha.co.jp

ISBN978-4-87502-516-0